唐石經本周易

山東省圖書館藏唐開成石經舊拓本

山東人民出版社・濟南

圖書在版編目（CIP）數據

唐石經本周易 .— 濟南 : 山東人民出版社 , 2024.3
（儒典）
ISBN 978-7-209-14365-3

Ⅰ . ①唐… Ⅱ . Ⅲ . ①《周易》- 注釋 Ⅳ . ① B221.2

中國國家版本館 CIP 數據核字（2024）第 035537 號

項目統籌：胡長青
責任編輯：劉　晨
裝幀設計：武　斌
項目完成：文化藝術編輯室

唐石經本周易

主管單位　山東出版傳媒股份有限公司
出版發行　山東人民出版社
出 版 人　胡長青
社　　址　濟南市市中區舜耕路517號
郵　　編　250003
電　　話　總編室（0531）82098914
　　　　　市場部（0531）82098027
網　　址　http://www.sd-book.com.cn
印　　裝　山東華立印務有限公司
經　　銷　新華書店

規　　格　16開（160mm×240mm）
印　　張　23.5
字　　數　188千字
版　　次　2024年3月第1版
印　　次　2024年3月第1次
ISBN 978-7-209-14365-3
定　　價　56.00圓

《儒典》選刊工作團隊

前言

中國是一個文明古國、文化大國，中華文化源遠流長，博大精深。在中國歷史上影響較大的是孔子創立的儒家思想，因此整理儒家經典、注解儒家經典，爲儒家經典的現代化闡釋提供权威、典范、精粹的典籍文本，是推進中華優秀傳統文化創造性轉化、創新性發展的奠基性工作和重要任務。

中國經學史是中國學術史的核心，歷史上創造的文本方面和經解方面的輝煌成果，大量失傳了。西漢是經學的第一個興盛期，除了當時非主流的《詩經》毛傳以外，其他經師的注釋後來全部失傳了。東漢的經解祇有鄭玄、何休等少數人的著作留存下來，其餘也大都失傳了。南北朝至隋朝興盛的義疏之學，其成果僅有皇侃《論語疏》幸存於日本。五代時期精心校刻的《九經》、北宋時期國子監重刻的《九經》以及校刻的單疏本，也全部失傳。南宋國子監刻的單疏本，我國僅存《周易正義》、《爾雅疏》、《春秋公羊疏》（三十卷殘存七卷）、《春秋穀梁疏》（十二卷殘存七卷），日本保存了《尚書正義》、《毛詩正義》、《禮記正義》（七十卷殘存八卷）、《周禮疏》（日本傳抄本）、《春秋公羊疏》（日本傳抄本）、《春秋正義》（日本傳抄本）。南宋兩浙東路茶鹽司刻八行本，我國保存下來的有《周禮疏》、《禮記正義》、《春秋左傳正義》（紹興府刻）、《論語注疏解經》（二十卷殘存十卷）、《孟子注疏解經》（存臺北「故宮」），日本保存有《周易注疏》《尚書正義》（凡兩部，其中一部被清楊守敬購歸）。南宋福建刻十行本，我國僅存《春秋穀梁注疏》、《春秋左傳注疏》（六十卷，一半在大陸，一半在臺灣），日本保存有《毛詩注疏》《春秋左傳注疏》。從這些情況可以看出，經書代表性的早期注釋和早期版本國内失傳嚴重，有的僅保存在東鄰日本。

鑒於這樣的現實，一百多年來我國學術界、出版界努力搜集影印了多種珍貴版本，但是在系統性、全面性和準確性方面都還存在一定的差距。例如唐代開成石經共十二部經典，石碑在明代嘉靖年間地震中受到損害，明代萬曆初年西安府學等學校師生曾把損失的文字補刻在另外的小石上，立於唐碑之旁。近年影印出版唐石經拓本多次，都是以唐代石刻與明代補刻割裂配補的裱本爲底本。由於明代補刻采用的是唐碑的字形，這種配補本難以區分唐刻與明代補刻，不便使用，亟需單獨影印唐碑拓本。

爲把幸存於世的、具有代表性的早期經解成果以及早期經典文本收集起來，系統地影印出版，我們規劃了《儒典》編纂出版項目。

《儒典》出版後受到文化學術界廣泛關注和好評，爲了滿足廣大讀者的需求，現陸續出版平裝單行本。共收録一百十一種元典，共計三百九十七册，收録底本大體可分爲八個系列：經注本（以開成石經、宋刊本爲主。開成石經僅有經文，無注，但它是用經注本删去注文形成的）、經注附釋文本、纂圖互注本、單疏本、八行本、十行本、宋元人經注系列、明清人經注系列。

《儒典》是王志民、杜澤遜先生主編的。本次出版單行本，特請杜澤遜、李振聚、徐泳先生幫助酌定選目。特此説明。

二〇二四年二月二十八日

目録

周易上經乾傳第一

王弼注

䷀ 乾下乾上

乾元亨利貞初九潛龍勿用九二見龍在田利見大人九三君子終日

乾乾夕惕若厲无咎九四
或躍在淵无咎九五飛龍
在天利見大人上九亢龍
有悔用九見羣龍无首吉
彖曰大哉乾元萬物資始
乃統天雲行雨施品物流
形大明終始六位時成時

乘六龍以御天乾道變化
各正性命保合大和乃利
貞首出庶物萬國咸寧象
曰天行健君子以自強不
息潛龍勿用陽在下也見
龍在田德施普也終日乾
乾反復道也或躍在淵進

无咎也飛龍在天大人造
也亢龍有悔盈不可久也
用九天德不可爲首也文
言曰元者善之長也亨者
嘉之會也利者義之和也
貞者事之幹也君子體仁
足以長人嘉會足以合禮

利物足以和義貞固足以
幹事君子行此四德者故
曰乾元亨利貞初九曰潛
龍勿用何謂也子曰龍德
而隱者也不易乎世不成
乎名遯世无悶不見是而
无悶樂則行之憂則違之

確乎其不可拔潛龍也九
二曰見龍在田利見大人
[illegible]子曰龍德而正中
者也庸言之信庸行之謹
閑邪存其誠善世而不伐
德博而化易曰見龍在田
利見大人君德也九三曰

君子終日乾乾夕惕若厲
无咎何謂也子曰君子進
德修業忠信所以進德也
修辭立其誠所以居業也
知至至之可與幾也知終
終之可與存義也是故居
上位而不驕在下位而不

憂故乾乾因其時而惕雖危无咎矣九四曰或躍在淵无咎何謂也子曰上下无常非爲邪也進退无恒非離羣也君子進德脩業欲及時也故无咎九五曰飛龍在天利見大人何謂

也子曰同聲相應同氣相
求水流濕火就燥雲從龍
風從虎聖人作而萬物覩
本乎天者親上本乎地者
親下則各從其類也上九
曰亢龍有悔何謂也子曰
貴而无位高而无民賢人

在下位而无輔是以動而有悔也潛龍勿用下也見龍在田時舍也終日乾乾行事也或躍在淵自試也飛龍在天上治也亢龍有悔窮之災也乾元用九天下治也潛龍勿用陽氣潛

藏見龍在田天下文明終
日乾乾與時偕行或躍在
淵乾道乃革飛龍在天乃
位乎天德亢龍有悔與時
偕極乾元用九乃見天則
乾元者始而亨者也利貞
者性情也乾始能以美利

利天下不言所利大矣哉
大哉乾乎剛健中正純粹
精也六爻發揮旁通情也
時乘六龍以御天也雲行
雨施天下平也君子以成
德爲行日可見之行也潛
之爲言也隱而未見行而

未成是以君子弗用也君子學以聚之問以辯之寬以居之仁以行之易曰見龍在田利見大人君德也九三重剛而不中上不在天下不在田故乾乾因其時而惕雖危无咎矣九四

重剛而不中上不在天下
不在田中不在人故或之
或之者疑之也故无咎夫
大人者與天地合其德與
日月合其明與四時合其
序與鬼神合其吉凶先天
而天弗違後天而奉天時

天且弗違而況於人乎況於鬼神乎亢之爲言也知進而不知退知存而不知亡知得而不知喪其唯聖人乎知進退存亡而不失其正者其唯聖人乎

䷁ 坤下坤上 坤元亨利牝馬之

貞君子有攸往先迷後得
主利西南得朋東北喪朋
安貞吉彖曰至哉坤元萬
物資生乃順承天坤厚載
物德合无疆含弘光大品
物咸亨牝馬地類行地无
疆柔順利貞君子攸行先

迷失道後順得常西南得朋乃與類行東北喪朋乃終有慶安貞之吉應地无疆象曰地勢坤君子以厚德載物初六履霜堅冰至象曰履霜堅冰陰始凝也馴致其道至堅冰也六

二直方大不習无不利象
曰六二之動直以方也不
習无不利地道光也六三
含章可貞或從王事无成
有終象曰含章可貞以時
發也或從王事知光大也
六四括囊无咎无譽象曰

括囊无咎慎不害也六五
黃裳元吉象曰黃裳元吉
文在中也上六龍戰于野
其血玄黃象曰龍戰于野
其道窮也用六利永貞象
曰用六永貞以大終也文
言曰坤至柔而動也剛至

靜而德也方後得主而有常
含萬物而化光坤道其順
乎承天而時行積善之家
必有餘慶積不善之家必
有餘殃臣弒其君子弒其
父非一朝一夕之故其所
由來者漸矣由辯之不早

辯也易曰履霜堅冰至蓋
言順也直其正也方其義
也君子敬以直内義以方
外敬義立而德不孤直方
大不習无不利則不疑其
所行也陰雖有美含之以
從王事弗敢成也地道也

妻道也臣道也地道无成
而代有終也天地變化草
木蕃天地閉賢人隱易曰
括囊无咎无譽蓋言謹也
君子黄中通理正位居體
美在其中而暢於四支發
於事業美之至也陰疑於

陽必戰爲其嫌於无陽也故稱龍焉猶未離其類也故稱血焉夫玄黃者天地之雜也天玄而地黃

䷂（震下坎上）屯元亨利貞勿用有攸往利建侯彖曰屯剛柔始交而難生動乎險中

大亨貞雷雨之動滿盈天
造草昧宜建侯而不寧象
曰雲雷屯君子以經[illegible]初
九磐桓利居貞利建侯象
曰雖磐桓志行正也以貴
下賤大得民也六二屯如
邅如乘馬班如匪寇婚媾

女子貞不字十年乃字象
曰六二之難乘剛也十年
乃字反常也六三即鹿无
虞惟入于林中君子幾不
如舍往吝象曰即鹿无虞
以從禽也君子舍之往吝
窮也六四乘馬班如求婚

媾往吉无不利象曰求而
往明也九五屯其膏小貞
吉大貞凶象曰屯其膏施
未光也上六乘馬班如泣
血漣如象曰泣血漣如何
可長也

䷃ 坎下艮上
蒙亨匪我求童蒙

童蒙求我初筮告再三瀆
瀆則不告利貞彖曰蒙山
下有險險而止蒙蒙亨以
亨行時中也匪我求童蒙
童蒙求我志應也初筮告
以剛中也再三瀆瀆則不
告瀆蒙也蒙以養正聖功

也象曰山下出泉蒙君子
以果行育德初六發蒙利
用刑人用說桎梏以往吝
象曰利用刑人以正法也
九二苞蒙吉納婦吉子克
家象曰子克家剛柔接也
六三勿用取女見金夫不

有躬无攸利象曰勿用取
女行不順也六四困蒙吝
象曰困蒙之吝獨遠實也
六五童蒙吉象曰童蒙之
吉順以巽也上九擊蒙不
利爲寇利禦寇象曰利用
禦寇上下順也

䷄ 乾下坎上 需有孚光亨貞吉

利涉大川彖曰需須也險

在前也剛健而不陷其義

不困窮[illegible]需有[illegible]亨貞

吉位乎天位以正中也利

涉大川往有功也象曰雲

上於天需君子以飲食宴

樂初九需于郊利用恒无
咎象曰需于郊不犯難行
也利用恒无咎未失常也
九二需于沙小有言終吉
象曰需于沙衍在中也雖
小有言以吉終也九三需
于泥致寇至象曰需于泥

災在外也自我致寇敬慎
不敗也六四需于血出自
穴象曰需于血順以聽
也九五需于酒食貞吉象
曰酒食貞吉以中正也上
六入于穴有不速之客三
人來敬之終吉象曰不速

之客來敬之終吉雖不當
位未大失也

䷅ 坎下乾上

訟有孚窒惕中吉
終凶利見大人不利涉大
川彖曰訟上剛下險險而
健訟訟有孚窒惕中吉剛
來而得中也終凶訟不可

成也利見大人尚中正也
不利涉大川入于淵也象
曰天與水違行訟君子以
作事謀始初六不永所事
小有言終吉象曰不永所
事訟不可長也雖小有言
其辯明也九二不克訟歸

而逋其邑人三百戶无眚
象曰不克訟歸逋竄也自
下訟上患至掇也六三食
舊德貞厲終吉或從王事
无成象曰食舊德從上吉
也九四不克訟復即命渝
安貞吉象曰復即命渝安

貞不失也九五訟元吉象
曰訟元吉以中正也上九
或錫之鞶帶終朝三褫
[illegible]不足敬
也
䷆坎下坤上
師貞丈人吉无咎
彖曰師眾也貞正也能以

衆正可以王矣剛中而應
行險而順以此毒天下而
民從之吉又何咎矣象曰
地中有水師君子以容民
畜衆初六師出以律否臧
凶象曰師出以律失律凶
也九二在師中吉无咎王

三錫命象曰在師中吉承
天寵也王三錫命懷萬邦
也六三師或輿尸凶象曰
師或輿尸大无功也六四
師左次无咎象曰左次无
咎未失常也六五田有禽
利執言无咎長子帥師弟

子輿尸貞凶象曰長子帥
師以中行也弟子輿尸使
不當也上六大君有命開
國承家小人勿用象曰大
君有命以正功也小人勿
用必亂邦也

䷇ 坤下坎上 比 吉原筮元永貞

无咎不寧方來後夫凶彖
曰比吉也比輔也下順從
也原筮元永貞无咎以剛
中也不寧方來上下應也
後夫凶其道窮也象曰地
上有水比先王以建萬國
親諸侯初六有孚比之无

咎有孚盈缶終來有它吉
象曰比之初六有它吉也
六二比之自內貞吉象曰
比之自內不自失也六三
比之匪人象曰比之匪人
不亦傷乎六四外比之貞
吉象曰外比於賢以從上

也九五顯比王用三驅失
前禽邑人不誡吉象曰顯
比之吉位正中也舍逆取
順失前禽也邑人不誡上
使中也上六比之无首凶
象曰比之无首无所終也
䷈乾下巽上小畜亨密雲不雨

自我西郊彖曰小畜柔得位而上下應之曰小畜健而巽剛中而志行乃亨密雲不雨尚往也自我西郊施未行也象曰風行天上小畜君子以懿文德初九復自道何其咎吉象曰復

自道其義吉也九二牽復
吉象曰牽復在中亦不自
失也九三輿說輻夫妻反
目象曰夫妻反目不能正
室也六四有孚血去惕出
无咎象曰有孚惕出上合
志也九五有孚攣如富以

其鄰象曰有孚攣如不獨
富也上九既雨既處尚德
載婦貞厲月幾望君子征
凶象曰既雨既處德積載
也君子征凶有所疑也

䷉ 兌下乾上 履虎尾不咥人亨

彖曰履柔履剛也說而應

乎乾是以履虎尾不咥人亨剛中正履帝位而不疚光明也象曰上天下澤履君子以辯上下定民志初九素履往无咎象曰素履之往獨行願也九二履道坦坦幽人貞吉象曰幽人

貞吉中不自亂也六三眇
能視跛能履履虎尾咥人
凶武人爲于大君象曰眇
能視不足以有明也跛能
履不足以與行也咥人之
凶位不當也武人爲于大
君志剛也九四履虎尾愬

愬終吉象曰愬愬終吉志
行也九五夬履貞厲象曰
夬履貞厲位正當
元吉在上大
周易卷第一

周易上經泰傳第二

王弼注

䷊乾下坤上泰小往大來吉亨

彖曰泰小往大來吉亨則

是天地交而萬物通也上

下交而其志同也内陽而
外陰内健而外順内君子
而外小人君子道長小人
道消也象曰天地交泰后
以財成天地之道輔相天
地之宜以左右民初九拔
茅茹以其彙征吉象曰拔

茅征吉志在外也九二包
荒用馮河不遐遺朋亡得
尚于中行象曰包荒得尚
于中行以光大也九三无
平不陂无往不復艱貞无
咎勿恤其孚于食有福象
曰无往不復天地際也六

四翩翩不富以其鄰不戒
以孚象曰翩翩不富皆失
實也不戒以孚中心願也
六五帝乙歸妹以祉元吉
象曰以祉元吉中以行願
也上六城復于隍勿用師
自邑告命貞吝象曰城復

于隍其命亂也

坤下乾上否之匪人不利君子貞大往小來彖曰否之匪人不利君子貞大往小來則是天地不交而萬物不通也上下不交而天下无邦也内陰而外陽内柔

而外剛內小人而外君子
小人道長君子道消也象
曰天地不交否君子以儉
德辟難不可榮以祿初六
拔茅茹以其彙貞吉亨象
曰拔茅貞吉志在君也六
二苞承小人吉大人否亨

象曰大人否亨不亂羣也六三苞羞象曰苞羞位不當也九四有命无咎疇離祉象曰有命无咎志行也九五休否大人吉其亡其亡繫于苞桑象曰大人之吉位正當也上九傾否先

否後喜象曰否終則傾何
可長也
䷌離下乾上同人于野亨利涉
大川利君子貞彖曰同人
柔得位得中而應乎乾曰
同人同人曰同人于野亨
利涉大川乾行也文明以

健中正而應君子正也唯
君子爲能通天下之志象
曰天與火同人君子以類
族辨物初九同人于門无
咎象曰出門同人又誰咎
也六二同人于宗吝象曰
同人于宗吝道也九三伏

戎于莽升其高陵三歲不
興象曰伏戎于莽敵剛也
三歲不興安行也九四乘
其墉弗克攻吉象曰乘其
墉義弗克也其吉則困而
反則也九五同人先號咷
而後笑大師克相遇象曰

同人之先以中直也大師相遇言相克也上九同人于郊无悔象曰同人于郊志未得也

䷍ 乾下離上 大有元亨彖曰大有柔得尊位大中而上下應之曰大有其德剛健而

文明應乎天而時行是以
元亨象曰火在天上大有
君子以遏惡揚善順天休
命初九无交害匪咎艱則
无咎象曰大有初九无交
害也九二大車以載有攸
往无咎象曰大車以載積

中不敗也九三公用亨于
天子小人弗克象曰公用
亨于天子小人害也九四
匪其彭无咎象曰匪其彭
无咎明辯晢也六五厥孚
交如威如吉象曰厥孚交
如信以發志也威如之吉

易而无備也上九自天祐
之吉无不利象曰大有上
吉自天祐也
䷎（艮下坤上）謙亨君子有終彖
曰謙亨天道下濟而光明
地道卑而上行天道虧盈
而益謙地道變盈而流謙

鬼神害盈而福謙人道惡
盈而好謙謙尊而光卑而
不可踰君子之終也象曰
地中有山謙君子以裒多
益寡稱物平施初六謙謙
君子用涉大川吉象曰謙
謙君子卑以自牧也六二

鳴謙貞吉象曰鳴謙貞吉
中心得也九三勞謙君子
有終吉象曰勞謙君子萬
民服也六四无不利撝謙
象曰无不利撝謙不違則
也六五不富以其鄰利用
侵伐无不利象曰利用侵

伐征不服也上六鳴謙利用行師征邑國象曰鳴謙志未得也可用行師征邑國也

䷏ 坤下震上豫利建侯行師彖曰豫剛應而志行順以動豫豫順以動故天地如之

而況建侯行師乎天地以
順動故日月不過而四時
不忒聖人以順動則刑罰
清而民服豫之時義大矣
哉象曰雷出地奮豫先王
以作樂崇德殷薦之上帝
以配祖考初六鳴豫凶象

曰初六鳴豫志窮凶也六
二介于石不終日貞吉象
曰不終日貞吉以中正也
六三盱豫悔遲有悔象
曰盱豫有悔位不當也九
四由豫大有得勿疑朋盍
簪象曰由豫大有得志大

行也六五貞疾恒不死象
曰六五貞疾乘剛也恒不
死中未亡也上六冥豫成
有渝无咎象曰冥豫在上
何可長也
䷐（震下兌上）隨元亨利貞无咎
彖曰隨剛來而下柔動而

說隨大亨貞无咎而天下隨
時隨時之義大矣哉象曰
澤中有雷隨君子以嚮晦
入宴息初九官有渝貞吉
出門交有功象曰官有渝
從正吉也出門交有功不
失也六二係小子失丈夫

象曰係小子弗兼與也六
三係丈夫失小子隨有求
得利居貞象曰係丈夫志
舍下也九四隨有獲貞凶
有孚在道以明何咎象曰
隨有獲其義凶也有孚在
道明功也九五孚于嘉吉

象曰孚于嘉吉位正中也
上六拘係之乃從維之王
用亨于西山象曰拘係之
上窮也
䷑ 巽下艮上
蠱元亨利涉大川
先甲三日後甲三日彖曰
蠱剛上而柔下巽而止蠱

蠱元亨而天下治也利涉
大川往有事也先甲三日
後甲三日終則有始天行
也象曰山下有風蠱君子
以振民育德初六幹父之
蠱有子考无咎厲終吉象
曰幹父之蠱意承考也九

二幹母之蠱不可貞象曰
幹母之蠱得中道也九三
幹父之蠱小有悔无大咎
象曰幹父之蠱終无咎也
六四裕父之蠱往見吝象
曰裕父之蠱往未得也六
五幹父之蠱用譽象曰幹

父用譽承以德也上九不
事王侯高尚其事象曰不
事王侯志可則也
䷒兌下坤上臨元亨利貞至于
八月有凶彖曰臨剛浸而
長說而順剛中而應大亨
以正天之道也至于八月

有凶消不久也象曰澤上
有地臨君子以教思无窮
容保民无疆初九咸臨貞
吉象曰咸臨貞吉志行正
也九二咸臨吉无不利象
曰咸臨吉无不利未順命
也六三甘臨无攸利既憂

之无咎象曰甘臨位不當
也既憂之咎不長也六四
至臨无咎象曰至臨无咎
位當也六五知臨大君之
宜吉象曰大君之宜行中
之謂也上六敦臨吉无咎
象曰敦臨之吉志在内也

䷓坤下巽上觀盥而不薦有孚
顒若彖曰大觀在上順而
巽中正以觀天下觀盥而
不薦有孚顒若下觀而化
也觀天之神道而四時不
忒聖人以神道設教而天
下服矣象曰風行地上觀

先王以省方觀民設教初六童觀小人无咎君子吝象曰初六童觀小人道也六二闚觀利女貞象曰闚觀女貞亦可醜也六三觀我生進退象曰觀我生進退未失道也六四觀國之

光利用賓于王象曰觀國
之光尚賓也九五觀我生
君子无咎象曰觀我生觀
民也上九觀其生君子无
咎象曰觀其生志未平也

周易卷第二

周易上經噬嗑傳第三

王弼注

䷔ 震下離上 噬嗑亨利用獄彖

曰頤中有物曰噬嗑噬嗑

而亨剛柔分動而明

合而章柔得中而上

不當位利用獄也象曰雷
電噬嗑先王以明罰勑法
初九屨校滅趾无咎象曰
屨校滅趾不行也六二噬
膚滅鼻无咎象曰噬膚滅
鼻乘剛也六三噬腊肉遇
毒小吝无咎象曰遇毒位

不當也九四噬乾胏得金
矢利艱貞吉象曰利艱貞
吉未光也六五噬乾肉得
黃金貞厲无咎象曰貞厲
无咎得當也上九何校滅
耳凶象曰何校滅耳聰不
明也

☶☲ 離下艮上 賁亨小利有攸往

彖曰賁亨柔來而文剛故亨分剛上而文柔故小利有攸往天文也文明以止人文也觀乎天文以察時變觀乎人文以化成天下

象曰山下有火賁君子以

明庶政无敢折獄初九賁
其趾舍車而徒象曰舍車
而徒義弗乘也六二賁其
須象曰賁其須與
賁如濡如永貞吉象
貞之吉終莫之陵也
六四賁如皤如白馬翰如

匪寇婚媾象曰六四當位
疑也匪寇婚媾終无尤也
六五賁于丘園束帛戔戔
吝終吉象曰六五之吉有
喜也上九白賁无咎象曰
白賁无咎上得志也

坤下艮上剥不利有攸往彖

曰剝剝也柔變剛也不利
有攸往小人長也順而止
之觀象也君子尚消息盈
虛天行也象曰山附於地
剝上以厚下安宅初六剝
牀以足蔑貞凶象曰剝牀
以足以滅下也六二剝牀

以辨蔑貞凶象曰剥牀以辨未有與也六三剥之无咎象曰剥之无咎失上下也六四剥牀以膚凶象曰剥牀以膚切近災也六五貫魚以宮人寵无不利象曰以宮人寵終无尤也上

九碩果不食君子得
人剝廬象曰君
所載也小人剝廬終不可
用也

䷗ 震下坤上 復亨出入无疾朋
來无咎反復其道七日來
復利有攸往彖曰復亨剛

反動而以順行是以出入
无疾朋來无咎反復其道
七日來復天行也利有攸
往剛長也復其見天地之
心乎象曰雷在地中復先
王以至日閉關商旅不行
后不省方初九不遠復无

祇悔元吉象曰不遠之復
以脩身也六二休復吉象
曰休復之吉以下仁也六
三頻復厲无咎象曰頻復
之厲義无咎也六四中行
獨復象曰中行獨復以從
道也六五敦復无悔象曰

敦復无悔中以自考也上
六迷復凶有災眚用行師
終有大敗以其國君凶至
于十年不克征象曰迷復
之凶反君道也
䷘震下乾上无妄元亨利貞其
匪正[illegible]彖

剛自外來而為
於內動而健剛中而應大
亨以正天之命也其匪正
有眚不利有攸往无妄之
往何之矣天命不祐行矣
哉象曰天下雷行物與无
妄先王以茂對時育萬物

初九无妄往吉象曰无妄
之往得志也六二不耕穫
不菑畬則利有攸往象曰
不耕穫未富也六三无
妄之災或繫之牛行人之
得邑人之災象曰行人得
牛邑人災也九四可貞无

咎象曰可貞无咎固有之
也九五无妄之疾勿藥有
喜象曰无妄之藥不可試
也上九无妄行有眚无攸
利象曰无妄之行窮之災也
䷙
乾下艮上大畜利貞不家食
吉利涉大川彖曰大畜剛

健篤實輝光日新其德剛上而尚賢能止健大正也不家食吉養賢也利涉大川應乎天也象曰天在山中大畜君子以多識前言往行[illegible]其德[illegible]厲利已象曰有厲利不犯

災也九二輿說輹象曰輿
說輹中无尤也九三良馬
逐利艱貞曰閑輿衛利有
攸往象曰利有攸往上合
志也六四童牛之牿元吉
象曰六四元吉有喜也六
五豶豕之牙吉象曰六五

之吉有慶也上九何天之衢亨象曰何天之衢道大行也

䷚震下艮上頤貞吉觀頤自求口實彖曰頤貞吉養正則吉也觀頤觀其所養也自求口實觀其自養也天地

養萬物聖人養賢以及萬
民頤之時大矣哉象曰山
下有雷頤君子以慎言語
節飲食初九舍爾靈龜觀
我朵頤凶象曰觀我朵頤
亦不足貴也六二顛頤拂
經于丘頤征凶象曰六二

征凶行失類也六三拂頤
貞□十年勿用无攸利象
曰□□勿用道大悖也六
□□□□虎視眈眈其欲
□□□咎象曰顛頤之吉
上施光也六五拂經居貞
吉不可涉大川象曰居貞

之吉順以從上也上九由
頤厲吉利涉大川象曰由
頤厲吉大有慶也

巽下兑上大過棟橈利有攸
往亨彖曰大過大者過也
棟橈本末弱也剛過而中
巽而說行利有攸往乃亨

太過之時大矣哉象曰澤
滅木大過君子以獨立不
懼遯世无悶初六藉用白
茅无咎象曰藉用白茅柔
在下也九二枯楊生稊老
夫得其女妻无不利象曰
老夫女妻過以相與也九

三棟橈凶象曰棟橈之凶
不可以有輔也九四棟隆
吉有它吝象曰棟隆之吉
不橈乎下也九五枯楊生
華老婦得其士夫无咎无
譽象曰枯楊生華何可久
也老婦士夫亦可醜也上

涉滅頂凶无咎象

曰過涉之凶

䷜ 坎上坎下 習坎有孚維心亨

行有尚彖曰習坎重險也

水流而不盈行險而不失

其信維心亨乃以剛中也

行有尚往有功也天險不

可升也地險山川丘陵也
王公設險以守其國險之
時用大矣哉象曰水洊至
習坎君子以常德行習教
事初六習坎入于坎窞凶
象曰習坎入坎失道凶也
九二坎有險求小得象曰

求小得未出中也六三來之坎坎險且枕入于坎窞勿用象曰來之坎坎終无功也六四樽酒簋貳用缶納約自牖終无咎象曰樽酒簋貳剛柔際也九五坎不盈祇既平无咎象曰坎

不盈中未大也上六係用
徽纆寘于叢棘三歲不得
凶象曰上六失道凶三歲
也

䷝ 離下離上 離利貞亨畜牝牛

日月麗乎
百穀草木麗乎土

麗乎正乃化成天
麗乎中正故亨是
牛吉也象曰明兩作離大
人以繼明照于四方初九
履錯然敬之无咎象曰履
錯之敬以辟咎也六二黄
離元吉象曰黄離元吉得

中道也九三日昃之離不
鼓缶而歌則大耋之嗟凶
象曰日昃之離何可久也
九四突如其來如焚如死
如棄如象曰突如其來如
无所容也六五出涕沱若
戚嗟若吉象曰六五之吉

離王公也上九王用出征有嘉折首獲匪其醜无咎象曰王用出征以正邦也

周易卷第三

周易下經咸傳第四

王弼注

䷞ 艮下兑上 咸亨利貞取女吉

彖曰咸感也柔上而剛下

二氣感應以相與止而說

男下女是以亨利貞取女吉也天地感而萬物化生聖人感人心而天下和平觀其所感而天地萬物之情可見矣象曰山上有澤咸君子以虛受人初六咸其拇象曰咸其拇志在外

也六二咸其腓凶居吉象
曰雖凶居吉順不害也九
三咸其股執其隨往吝象
曰咸其股亦不處也志在
[illegible]人所執下也九四貞吉
悔亡憧憧往來朋從爾思
象曰貞吉悔亡未感害也

憧憧往來未光大也九五
咸其脢无悔象曰咸其脢
志末也上六咸其輔頰舌
象曰咸其輔頰舌滕口說
也
䷟ 巽下震上 恒亨无咎利貞利
有攸往彖曰恒久也剛上

而柔下雷風相與巽而動
剛柔皆應恒恒亨无咎利
貞久於其道也天地之道
恒久而不已也利有攸往
則有始也日月得天而
久照四時變化而能久
聖人久於其道而天下

化成觀其所恒而天地萬
物之情可見矣象曰雷風
恒君子以立不易方初六
浚恒貞凶无攸利象曰浚
恒之凶始求深也九二悔
亡象曰九二悔亡能久中
也九三不恒其德或承之

羞貞吝象曰不恆其德无
所容也九四田无禽象曰
久非其位安得禽也六五
恆其德貞婦人吉夫子凶
象曰婦人貞吉從一而終
也夫子制義從婦凶也上
六振恆凶象曰振恆在上

大无功也

䷠ 艮下乾上 遯亨小利貞彖曰

遯亨遯而亨也剛當位而

與[illegible]也小利貞浸而

長也遯之時義大矣哉象

曰天下有山遯君子以遠

小人不惡而嚴初六遯尾

厲勿用有攸往象曰遯尾
之厲不往何災也六二執
之用黃牛之革莫之勝説
象曰執用黃牛固志也九
三係遯有疾厲畜臣妾吉
象曰係遯之厲有疾憊也
畜臣妾吉不可大事也九

四好遯君子吉小人否象曰君子好遯小人否也九五嘉遯貞吉象曰嘉遯貞吉以正志也上九肥遯无不利象曰肥遯无不利无所疑也

䷡ 乾下震上 大壯利貞彖曰大

壯大者壯也剛以動故壯
大壯利貞大者正也正大
而天地之情可見矣象曰
雷在天上大壯君子以非
禮弗履初九壯于趾征凶
有孚象曰壯于趾其孚窮
也九二貞吉象曰九二貞

吉以中也九三小人用壯
君子用罔貞厲羝羊觸藩
羸其角象曰小人用壯君
子罔也九四貞吉悔亡藩
決不羸壯于大輿之輹象
曰藩決不羸尚往也六五
喪羊于易无悔象曰喪羊

于易位不當也上六羝羊
觸藩不能退不能遂无攸
利艱則吉象曰不[illegible]
能遂不詳也艱則吉咎不
長也

䷢ 坤下離上 晉康侯用錫馬蕃
庶晝日三接彖曰晉進也

明出地上順而麗乎大明
柔進而上行是以康侯用
錫馬蕃庶晝日三接也象
曰明出地上晉君子以自
昭明德初六晉如摧如貞
吉罔孚裕无咎象曰晉如
摧如獨行正也裕无咎未

受命也六二晉如愁如貞
吉受茲介福于其王母象
曰受茲介福以中正也六
三衆允悔亡象曰衆允之
志上行也九四晉如鼫鼠
貞厲象曰鼫鼠貞厲位不
當也六五悔亡失得勿恤

往吉无不利象曰失得勿
恤往有慶也上九晉其角
維用伐邑厲吉无咎貞吝
象曰維用伐邑道未光也

䷣ 離下坤上

明夷利艱貞彖曰
明入地中明夷內文明而
外柔順以蒙大難文王以

之利艱貞晦其明也内難
而能正其志箕子以之象
曰明入地中明夷君子以
莅衆用晦而明初九明夷
于飛垂其翼君子于行三
日不食有攸往主人有言
象曰君子于行義不食也

六二明夷夷于左
馬壯吉象曰六二之吉順
以則也九三明夷于南狩
得其大首不可疾貞象曰
南狩之志乃大得也六四
入于左腹獲明夷之心于
出門庭象曰入于左腹獲

心意也六五箕子之明夷利貞象曰箕子之貞明不可息也上六不明晦初登于天後入于地象曰初登于天照四國也後入于地失則也

䷤ 離下巽上 家人利女貞彖曰

家人女正位乎内男正位
乎外男女正天地之大義
也家人有嚴君焉父母之
謂也父父子子兄兄弟弟
夫夫婦婦而家道正正家
而天下定矣象曰風自火
出家人君子以言有物而

行有恒初九閑有家悔亡
象曰閑有家志未變也六
二无攸遂在中饋貞吉象
曰六二之吉順以巽也九
三家人嗃嗃悔厲吉婦子
嘻嘻終吝象曰家人嗃嗃
未失也婦子嘻嘻失家節

也六四富家大吉象曰富
家大吉順在位也九五王
假有家勿恤吉象曰王假
有家交相愛也上九有孚
威如終吉象曰威如之吉
反身之謂也

䷥ 兌下離上 睽小事吉彖曰睽

動而上澤動而下
同居其志不同行說而
乎明柔進而上行得中而
應乎剛是以小事吉天地
睽而其事同也男女睽而
其志通也萬物睽而其事
類也睽之時用大矣哉象

曰上火下澤睽君子以同
而異初九悔亡喪馬勿逐
自復見惡人无咎象曰見
惡人以辟咎也九二遇主
于巷无咎象曰遇主于巷
未失道也六三見輿曳其
牛掣其人天且劓无初有

終象曰見輿曳位不當也
无初有終遇剛也九四睽
孤遇元夫交孚厲无咎象
曰交孚无咎志行也六五
悔亡厥宗噬膚往何咎象
曰厥宗噬膚往有慶也上
九睽孤見豕負塗載鬼一

車先張之弧後說之弧匪
寇婚媾往遇雨則吉象曰
遇雨之吉羣疑亡也
䷦ 艮下坎上 蹇利西南不利東
北利見大人貞吉彖曰蹇
難也險在前也見險而能
止知矣哉蹇利西南往得

中也不利東北其道窮也
利見大人往有功也當位
貞吉以正邦也蹇之時用
大矣哉象曰山上有水蹇
君子以反身脩德初六往
譽象曰往蹇來譽宜
蹇蹇之宜

吉象曰王臣蹇蹇終无
尤也九三往蹇來反象曰
往蹇來反内喜之也六四
往蹇來連象曰往蹇來連
當位實也九五大蹇朋來
象曰大蹇朋來以中節也
上六往蹇來碩吉利見大

人象曰往蹇來碩志在内也利見大人以從貴也

䷧ 坎下震上 解利西南无所往其來復吉有攸往夙吉彖曰解險以動動而免乎險解解利西南往得衆也其來復吉乃得中也有攸往

夙吉往有功也天地解而雷雨作雷雨作而百果草木皆甲拆解之時大矣哉象曰雷雨作解君子以赦過宥罪初六无咎象曰剛柔之際義无咎也九二田獲三狐得黃矢貞吉象曰

九二貞吉得中道也六三
負且乘致寇至貞吝象曰
負且乘亦可醜也自我致
戎又誰咎也九四解而拇
朋至斯孚象曰解而拇未
當位也六五君子維有解
吉有孚于小人象曰君子

有解小人退也上六公用
射隼于高墉之上獲之无
不利象曰公用射隼以解
悖也

䷨ 兌下艮上

[illegible]孚元[illegible]无咎
可貞利有攸[illegible]二
簋可用享彖曰損損下益

上其道上行損而有孚元
吉无咎可貞利有攸往曷
之用二簋可用享二簋應
有時損剛益柔有時損益
盈虛與時偕行象曰山下
有澤損君子以懲忿窒欲
初九已事遄往无咎酌損

之象曰已事遄往尚合志
也九二利貞征凶弗損益
之象曰九二利貞中以爲
志也六三三人行則損一
人一人行則得其友象曰
一人行三則疑也六四損
其疾使遄有喜无咎象曰

損其疾亦可喜也六五或
益之十朋之龜弗克違元
吉象曰六五元吉自上祐
也上九弗損益之无咎貞
吉利有攸往得臣无家象
曰弗損益之大得志也

䷩ 震下巽上 益利有攸往利涉

大川彖曰益損上益下民
說无疆自上下下其道大
光利有攸往中正有慶利
涉大川木道乃行益動而
巽日進无疆天施地生其
益无方凡益之道與時偕
行象曰風雷益君子以見

[illegible]則遷有過則改初九利
用爲大作元吉无咎象曰
元吉无咎下不厚事也六
二或益之[illegible]龜弗克
違[illegible]
象曰或益之[illegible]
三益之用凶事[illegible]

中行告公用圭象
凶事固有之也六四中行
告公從利用爲依遷國象
曰告公從以益志也九五
有孚惠心勿問元吉有孚
惠我德象曰有孚惠心勿
問之矣惠我德大得志也

上九莫益之或擊之立心
勿恒凶象曰莫益之偏辭
也或擊之自外來也

周易卷第四

周易下經夬傳第五

王弼注

䷪乾下兌上夬揚于王庭孚號有厲告自邑不利即戎利有攸往彖曰夬決也剛決

也健而說決而和揚于
柔乘五剛也孚號有
其危乃光也告自邑不
即戎所尚乃窮也利有
往剛長乃終也象曰澤
上於天夬君子以施祿及
下居德則忌初九壯于前

趾往不勝爲咎象曰不勝而往咎也九二惕號莫夜有戎勿恤象曰有戎勿恤得中道也九三壯于頄有凶君子夬夬獨行遇雨若濡有慍无咎象曰君子夬夬終无咎也九四臀

其行次且牽羊悔亡
不信象曰其行次且位不
當也聞言不信聰不明也
九五莧陸夬夬中行无咎
象曰中行无咎中未光也
上六无號終有凶象曰无
號之凶終不可長也

䷫

巽下乾上姤女壯勿用取女
彖曰姤遇也柔遇剛也勿
用取女不可與長也天地
相遇品物咸章也剛遇中
正天下大行也姤之時義
大矣哉象曰天下有風姤
后以施命誥四方初六繫

于金柅貞吉有攸往見凶
羸豕孚蹢躅象曰繫于金
柅柔道牽也九二包有魚
无咎不利賓象曰包有魚
義不及賓也九三臀无膚
其行次且厲无大咎象曰
其行次且行未牽也九四

包无魚起凶象曰无魚之
凶遠民也九五以杞包瓜
含章有隕自天象曰九五
含章中正也有隕自天志
不舍命也上九姤其角吝
无咎象曰姤其角上窮吝
也

䷬ 坤下兑上

萃亨王假有廟利見大人亨利貞用大牲吉利有攸往彖曰萃聚也順以說剛中而應故聚也王假有廟致孝享也利見大人亨聚以正也用大牲吉利有攸往順天命也觀其

所聚而天地萬物之情可
見矣象曰澤上於地萃君
子以除戎器戒不虞初六
有孚不終乃亂乃萃若號
一握爲笑勿恤往无咎象
曰乃亂乃萃其志亂也六
二引吉无咎孚乃利用禴

象曰引吉无咎中未變也
六三萃如嗟如无攸利往
无咎小吝象曰往无咎上
巽也九四大吉无咎象曰
大吉无咎位不當也九五
萃有位无咎匪孚元永貞
悔亡象曰萃有位志未光

也上六齎咨涕洟无咎象
曰齎咨涕洟未安上也

巽下坤上
升元亨用見大人
勿恤南征吉彖曰柔以時
升巽而順剛中而應是以
大亨用見大人勿恤有慶
也南征吉志行也象曰地

中生木升君子以順德積小以高大初六允升大吉象曰允升大吉上合志也九二孚乃利用禴无咎象曰九二之孚有喜也九三升虛邑象曰升虛邑无所疑也六四王用亨于岐山

吉无咎象曰王用亨于岐
山順事也六五貞吉升階
象曰貞吉升階大得志也
上
利于不息之貞
冥升在上消不富也

䷮ 坎下兌上

困亨貞大人吉无
咎有言不信彖曰困剛揜

也險以說困而不失其所亨其唯君子乎貞大人吉以剛中也有言不信尚口乃窮也象曰澤无水困君子以致命遂志初六臀困于株木入于幽谷三歲不覿象曰入于幽谷幽不明

也九二困于酒食朱紱方來利用享祀征凶无咎象曰困于酒食中有慶也六三困于石據于蒺蔾入于其宮不見其妻凶象曰據于蒺蔾乘剛也入于其宮不見其妻不祥也九四來

徐徐困于金車吝有終象
曰來徐徐志在下也雖不
當位有與也九五劓刖困
于赤紱乃徐有說利用祭
祀象曰劓刖志未得也乃
徐有說以中直也利用祭
祀受福也上六困于葛藟

于臲卼曰動悔有悔征吉
象曰困于葛藟未當也動
悔有悔吉行也

䷯ 巽下坎上 井改邑不改井无
喪无得往來井井汔至亦
未繘井羸其瓶凶彖曰巽
乎水而上水井井養而不

窮也改邑不改井乃以剛
中也汔至亦未繘井未有
功也羸其瓶是以凶也象
[illegible]上有水井君子以勞
勸相初六井泥不食舊
井无禽象曰井泥不食下
也舊井无禽時舍也九二

井谷射鮒甕敝漏象曰井
谷射鮒无與也九三井渫
不食爲我心惻可用汲王
明並受其福象曰井渫不
食行惻也求王明受福也
六四井甃无咎象曰井甃
无咎脩井也九五井洌寒

泉食象曰寒泉之食中正
也上六井收勿幕有孚元
吉象曰元吉在上大成也

䷰ 離下兌上 革巳日乃孚元亨
利貞悔亡彖曰革水火相
息二女同居其志不相得
曰革巳日乃孚革而信之

文明以説大亨以正革而當其悔乃亡天地革而四時成湯武革命順乎天而應乎人革之時大矣哉象曰澤中有火革君子以治歷明時初九鞏用黄牛之革象曰鞏用黄牛不可以

有爲也六二巳日乃革之
征吉无咎象曰巳日革之
行有嘉也九三征凶貞厲
革言三就有孚象曰革言
三就又何之矣九四悔亡
有孚改命吉象曰改命之
吉信志也九五大人虎變

未占有孚象曰大人虎變
其文炳[illegible]上[illegible]君[illegible]
小人革面征凶居[illegible]
曰君子豹變其文蔚也
人革面順以從君也

䷱ 巽下離上 鼎 元吉亨彖曰鼎
象也以木巽火亨飪也聖

人亨以享上帝而大亨以
養聖賢巽而耳目聰明柔
進而上行得中而應乎剛
是以元亨象曰木上有火
鼎君子以正位凝命初六
鼎顛趾利出否得妾以其
子无咎象曰鼎顛趾未悖

也利出否以從貴也九二
鼎有實我仇有疾不我能
即吉象曰鼎有實慎所之
也我仇有疾終无尤也九
三鼎耳革其行塞雉膏不
食方雨虧悔終吉象曰鼎
耳革失其義也九四鼎折

足覆公餗其形渥凶象曰
覆公餗信如何也六五鼎
黃耳金鉉利貞象曰鼎黃
耳中以爲實也上九鼎玉
鉉大吉无不利象曰玉鉉
在上剛柔節也

䷲ 震下震上 震亨震來虩虩笑

言啞啞震驚百里不喪匕
鬯彖曰震亨震來虩虩恐
致福也笑言啞啞後有則
也震驚百里驚遠而懼邇
也出可以守宗廟社稷以
爲祭主也象曰洊雷震君
子以恐懼脩省初九震來

虩[illegible]笑言啞啞吉象曰
[illegible]
啞啞後有則也六二[illegible]來
厲億喪貝躋于九陵勿逐
七日得象曰震來厲乘剛
也六三震蘇蘇震行无眚
象曰震蘇蘇位不當也九

四震遂泥象曰震遂泥未
光也六五震往來厲億无
喪有事象曰震往來厲危
行也其事在中大无喪也
上六震索索視矍矍征凶
震不于其躬于其鄰无咎
婚媾有言象曰震索索中

未得也雖凶无咎畏鄰戒也

䷳ 艮下艮上 艮其背不獲其身行其庭不見其人无咎彖曰艮止也時止則止時行則行動靜不失其時其道光明艮其止止其所也上

下敵應不相與也是以不
獲其身行其庭不見其人
无咎也象曰兼山艮君子
以思不出其位初六艮其
趾无咎利永貞象曰艮其
趾未失正也六二艮其腓
不拯其隨其心不快象曰

不拯其隨未退聽也九三艮其限列其夤厲薰心象曰艮其限危薰心也六四艮其身无咎象曰艮其身止諸躬也六五艮其輔言有序悔亡象曰艮其輔以中正也上九敦艮吉象曰

敦艮之吉以厚終也

䷴艮下巽上漸女歸吉利貞彖曰漸之進也女歸吉也進得位往有功也進以正可以正邦也其位剛得中也止而巽動不窮也象曰山上有木漸君子以居賢德

善俗初六鴻漸于干小子
厲有言无咎象曰小子之
厲義无咎也六二鴻漸于
磐飲食衎衎吉象曰飲食
衎衎不素飽也九三鴻漸
于陸夫征不復婦孕不育
凶利禦寇象曰夫征不復

離羣醜也婦孕不育失其
道也利用禦寇順相保也
六四鴻漸于木或得其桷
无咎象曰或得其桷順以
巽也九五鴻漸于陵婦三
歲不孕終莫之勝吉象曰
終莫之勝吉得所願也上

九鴻漸于陸其羽可用爲
儀吉象曰其羽可用爲儀
吉不可亂也
䷵兌下震上歸妹征凶无攸利
彖曰歸妹天地之大義也
天地不交而萬物不興歸
妹人之終始也説以動所

歸妹也征凶位不當也无
攸利柔乘剛也象曰澤上
有雷歸妹君子以永終知
敝初九歸妹以娣跛能履
征吉象曰歸妹以娣以恒
也跛能履吉相承也九二
眇…視利幽…之貞

利幽人之貞未變常也六
三歸妹以須反歸以娣象
曰歸妹以須未當也九四
歸妹愆期遲歸有時象曰
愆期之志有待而行也六
五帝乙歸妹其君之袂不
如其娣之袂良月幾望吉

象曰帝乙歸妹不如其娣
之袂良也其位在中以貴
行也上六女承筐无實士
刲羊无血无攸利象曰上
六无實承虛筐也

周易卷第五

周易下經豐傳第六

王弼注

䷶ 離下震上 豐亨王假之勿憂宜日中彖曰豐大也明以動故豐王假之尚大也勿

憂宜日中宜照天下也日
中則昃月盈則食天地盈
虛與時消息而況於人乎
況於鬼神乎象曰雷電皆
至豐君子以折獄致刑初
九遇其配主雖旬无咎往
有尚象曰雖旬无咎過旬

災也六二豐其蔀日中見斗往得疑疾有孚發若吉象曰有孚發若信以發志也九三豐其沛日中見沫折其右肱无咎象曰豐其沛不可大事也折其右肱終不可用也九四豐其蔀

曰中見斗遇其夷主吉象
豐其蔀位不當也日中
明也遇其夷主
吉行也六五來章有慶譽
吉象曰六五之吉有慶也
上六豐其屋蔀其家闚其
戶闃其无人三歲不覿凶

象曰豐其屋天際翔也闚其戶闃其无人自藏也

䷷艮下離上旅小亨旅貞吉彖曰旅小亨柔得中乎外而順乎剛止而麗乎明是以小亨旅貞吉也旅之時義大矣哉象曰山上有火旅君

子以明慎用刑而不留獄
初六旅瑣瑣斯其所取災
象曰旅瑣瑣志窮災也六
二旅即次懷其資得童僕
貞象曰得童僕貞終无尤
也九三旅焚其次喪其童
僕貞厲象曰旅焚其次亦

以傷矣以旅與下其義喪
也九四旅于處得其資斧
我心不快象曰旅于處未
得位也得其資斧心未快
也六五射雉一矢亡終以
譽命象曰終以譽命上逮
也上九鳥焚其巢旅人先

笑後號咷喪牛于易凶象
曰以旅在上其義焚也喪
牛于易終莫之聞也
䷸巽下巽上巽小亨利有攸往
利見大人彖曰重巽以申
命剛巽乎中正而志行柔
皆順乎剛是以小亨利有

攸往利見大人象曰隨風
巽君子以申命行事初六
進退利武人之貞象曰進
退志疑也利武人之貞志
治也九二巽在牀下用史
巫紛若吉无咎象曰紛若
之吉得中也九三頻巽吝

象曰頻巽之吝志窮也六
四悔亡田獲三品象曰田
獲三品有功也九五貞吉
悔亡无不利无初有終先
庚三日後庚三日吉象曰
九五之吉位正中也上九
巽在牀下喪其資斧貞凶

象曰巽在牀下上窮也喪
其資斧正乎凶也
䷹兌下兌上兌亨利貞彖曰兌
說也剛中而柔外說以利
貞是以順乎天而應乎人
說以先民民忘其勞說以
犯難民忘其死說之大民

勸矣象曰麗澤兌君子以朋友講習初九和兌吉象曰和兌之吉行未疑也九二孚兌吉悔亡象曰孚兌之吉信志也六三來兌凶象曰來兌之凶位不當也九四商兌未寧介疾有

喜象曰九四之喜有慶也
九五孚于剥有厲象曰孚
于剥位正當也上六引兊
象曰上六引兊未光也
䷺ 坎下巽上 渙亨王假有廟利
涉大川利貞彖曰渙亨剛
來而不窮柔得位乎外而

曰王假有廟王乃在中
也利涉大川乘木有功也
象曰風行水上渙先王以
享于帝立廟初六用拯
馬壯吉象曰初六之吉順
也九二渙奔其机悔亡象
曰渙奔其机得願也六三

渙其躬无悔象曰渙其躬
志在外也六四渙其羣元
吉渙有丘匪夷所思象曰
渙其羣元吉光大也九五
渙汗其大號渙王居无咎
象曰王居无咎正位也上
其血去

曰渙其血遠害也

䷻兌下坎上節亨苦節不可貞

彖曰節亨剛柔分而剛得

中苦節不可貞其道窮也

說以行險當位以節中正

以通天地節而四時成節

以制度不傷財不害民象

曰澤上有水節君子以制
數度議德行初九不出戶
庭无咎象曰不出戶庭知
通塞也九二不出門庭凶
象曰不出門庭凶失時極
也六三不節若則嗟若无
咎象曰不節之嗟又誰咎

也六四安節亨象曰安節之亨承上道也九五甘節吉往有尚象曰甘節之吉居位中也上六苦節貞凶悔亡象曰苦節貞凶其道窮也

䷼兌下巽上中孚豚魚吉利涉

大川利貞彖曰中孚柔在
内而剛得中説而巽孚乃
化邦也豚魚吉信及豚魚
也利涉大川乘木舟虛也
[illegible]以[illegible]貞[illegible]
[illegible]上有風中孚君子
以議獄緩死初九虞吉有

它不燕象曰初九虞吉志
未變也九二鳴鶴在陰其
子和之我有好爵吾與爾
靡之象曰其子和之中心
願也六三得敵或鼓或罷
或泣或歌象曰或鼓或罷
位不當也六四月幾望馬

匹亡无咎象曰馬匹亡絶
類上也九五有孚攣如无
咎象曰有孚攣如位正當
也上九翰音登于天貞凶
象曰翰音登于天何可長
也

䷽ 艮下震上 小過亨利貞可小

事不可大事飛鳥遺之
音不宜上宜下大吉彖曰
小過小者過而亨也過以
利貞與時行也柔得中是
以小事吉也剛失位而不
中是以不可大事也有飛
鳥之象焉飛鳥遺之音不

宜上宜下大吉上逆而下
順也象曰山上有雷小過
以行過乎恭喪過乎
過乎儉初六飛鳥以
飛鳥以凶不可如何
也六二過其祖遇其妣不
及其君遇其臣无咎象曰

不及其君臣不可過也九三弗過防之從或戕之凶象曰從或戕之凶如何也九四无咎弗過遇之往厲必戒勿用永貞象曰弗過遇之位不當也往厲必戒終不可長也六五密雲不雨

自我西郊公弋取彼在穴
象曰密雲不雨已上也上
六弗遇過之飛鳥離之凶
是謂災眚象曰弗遇過
之已亢也

䷾ 離下坎上 既濟亨小利貞初
吉終亂彖曰既濟亨小者

亨也利貞剛柔正而位當
也初吉柔得中也終止則
亂其道窮也象曰水在火
上既濟君子以思患而豫
防之初九曳其輪濡其尾
无咎象曰曳其輪義无咎
也六二婦喪其茀勿逐七

日得象曰七日得以中道
也九三高宗伐鬼方三年
克之小人勿用象曰三年
克之憊也六四繻[illegible]
終日戒象曰終日戒有所
疑也九五東鄰殺牛不如
西鄰之禴祭實受其福象

曰東鄰殺牛不如西鄰之時也實受其福吉大來也

上六濡其首厲象曰濡其首厲何可久也

䷿ 坎下離上 未濟亨小狐汔濟濡其尾无攸利彖曰未濟亨柔得中也小狐汔濟未

出中也濡其尾无攸利不續終也雖不當位剛柔應也象曰火在水上未濟君子以慎辨物居方初六濡其尾吝象曰濡其尾亦不知極也九二曳其輪貞吉象曰九二貞吉中以行正

也六三未濟征凶利涉大
川象曰未濟征凶位不當
也九四貞吉悔亡震用伐
鬼方三年有賞于大國象
曰貞吉悔亡志行也六五
貞吉无悔君子之□有孚
吉□□君子之光□□吉

于飲

失

濡首亦不知節也

周易卷第六

周易繫辭上第七

韓康伯注

天尊地卑乾坤定矣卑高以陳貴賤位矣動靜有常剛柔斷矣方以類聚物以羣分吉凶生矣在天成象

在地成形變化見矣是故
剛柔相摩八卦相盪鼓之
以雷霆潤之以風雨日月
運行一寒一暑乾道成男
坤道成女乾知大始坤作
成物乾以易知坤以簡能
易則易知簡則易從易知

則有親易從則有功有親
則可久有功則可大可久
則賢人之德可大則賢人
之業易簡而天下之理得
矣天下之理得而成位乎
其中矣 聖人設卦觀象
繫辭焉而明吉凶剛柔相

推而生變化是故吉凶者失得之象也悔吝者憂虞之象也變化者進退之象也剛柔者晝夜之象也六爻之動三極之道也是故君子所居而安者易之序也所樂而玩者爻之辭也

是故君子居則觀其象而
玩其辭動則觀其變
其占是以自天祐之吉无
不利彖者言乎象者也
爻者言乎變者也吉凶者
言乎其失得也悔吝者存
乎其小疵也无咎者善補

過也是故列貴賤者存乎位齊小大者存乎卦辯吉凶者存乎辭憂悔吝者存乎介震无咎者存乎悔是故卦有小大辭有險易辭也者各指其所之易與天地準故能彌綸天地之道

仰以觀於天文俯以察於
地理是故知幽明之故原
始反終故知死生之說
精氣爲物遊魂爲變是故
知鬼神之情狀與天地相
似故不違知周乎萬物而
道濟天下故不過旁行而

不流樂天知命故不憂安
土敦乎仁故能愛範圍天
地之化而不過曲成萬物
而不遺通乎晝夜之道而
知故神无方而易无體一
陰一陽之謂道繼之者善
也成之者性也仁者見之

謂之仁知者見之謂之知
百姓日用而不知故君子
之道鮮矣顯諸仁藏諸
用鼓萬物而不與聖人同
憂盛德大業至矣哉富有
之謂大業日新之謂盛德
生生之謂易成象之謂乾

效法之謂坤極數知來之
謂占通變之謂事陰陽不
測之謂神夫易廣矣大矣
以言乎遠則不禦以言乎
邇則靜而正以言乎天地
之閒則備矣夫乾其靜也
專其動也直是以大生焉

夫坤其靜也翕其動也闢
是以廣生焉廣大配天地
變通配四時陰陽之義配
日月易簡之善配至德子
曰易其至矣乎夫易聖人
所以崇德而廣業也知崇
禮卑崇效天卑法地天地

設位而易行乎其中矣成性
存存道義之門聖人有
以見天下之賾而擬諸其
形容象其物宜是故謂之
象聖人有以見天下之動
而觀其會通以行其典禮
繫辭焉以斷其吉凶是故

謂之爻言天下之至賾而
不可惡也言天下之至動
而不可亂也擬之而後言
議之而後動擬議以成其
變化鳴鶴在陰其子和之
我有好爵吾與爾
曰君子居其室出其言善

則千里之外應之況其邇
者乎居其室出其言不善
則千里之外違之況其邇
者乎言出乎身加乎民行
發乎邇見乎遠言行君子
之樞機樞機之發榮辱之
主也言行君子之所以動天

地也可不慎乎同人先號咷而後笑子曰君子之道或出或處或默或語二人同心其利斷金同心之言其臭如蘭　初六藉用白茅无咎子曰苟錯諸地而可矣藉之用茅何咎之有

慎之至也夫茅之為物薄而用可重也慎斯術也以往其无所失矣勞謙君子有終吉子曰勞而不伐有功而不德厚之至也語以其功下人者也德言盛禮言恭謙也者致恭以存其

位者也亢龍有悔子曰貴
而无位高而无民賢人在
下位而无輔是以動而有
悔也不出戶庭无咎子曰
亂之所生也則言語以爲
階君不密則失臣臣不密
則失身幾事不密則害成

是以君子慎密而不出也
子曰作易者其知盜乎易
曰負且乘致寇至負也者
小人之事也乘也者君子
之器也小人而乘君子之
器盜思奪之矣上慢下暴
盜思伐之矣慢藏誨盜冶

容誨淫易曰負且乘致寇
至盜之招也 大行之數
五十其用四十有九分而
爲二以象兩掛一以象三
揲之以四以象四時歸奇
於扐以象閏五歲再閏故
再扐而後掛天數五地數

五五位相得而各有合天
数廿有五地數卅凡天地
之數五十有五此所以成
變化而行鬼神也乾之策
二百一十有六坤之策百
四十有四凡三百有六十
當期之日二篇之策萬有

一千五百廿當萬物之數也是故四營而成易十有八變而成卦八卦而小成引而伸之觸類而長之天下之能事畢矣顯道神德行是故可與酬酢可與祐神矣 子曰知變化之

道者其知神之所為乎易
有聖人之道四焉以言者
尚其辭以動者尚其變以
制器者尚其象以卜筮者
尚其占是以君子將有為
也將有行也問焉而以言
其受命也如響无有遠近

幽深遂知來物非天下之
至精其孰能與於此參伍
以變錯綜其數通其變遂
成天地之文極其數遂定
天下之象非天下之至變
其孰能與於此易无思也
无為也寂然不動感而遂

通天下之故非天下之至
神其孰能與於此夫易聖
人之所以極深而研幾也
唯深也故能通天下之志
唯幾也故能成天下之務
唯神也故不疾而速不行
而至子曰易有聖人之道

四焉者此之謂也天一
地二天三地四天五地六
天七地八天九地十子曰
夫易何爲者也夫易開物
成務冒天下之道如斯而
已者也是故聖人以通天
下之志以定天下之業以

斷天下之疑是故蓍之德
圓而神卦之德方以知六
爻之義易以貢聖人以此
洗心退藏於密
同患神以知來
其孰能與此哉古之聰明
叡知神武而不殺者夫是

以明於天之道而察於民之
故是興神物以前民用聖
人以此齊戒以神明其德
夫是故闔戶謂之坤闢戶
謂之乾一闔一闢謂之變
往來不窮謂之通見乃謂
之象形乃謂之器制而用

之謂之法利用出入民咸
用之謂之神是故易有
大極是生兩儀兩儀生四
象四象生八卦八卦定吉
凶吉凶生大業是故法象
莫大乎天地變通莫大乎
四時縣象著明莫大乎日

月崇高莫大乎富貴備物
致用立成器以爲天下利
莫大乎聖人探賾索隱鉤
深致遠以定天下之吉凶
成天下之亹亹者莫大乎
著龜是故天生神物聖人
則之天地變化聖人效之

天垂象見吉凶聖人象之
河出圖洛出書聖人則之
易有四象所以示也繫辭
焉所以告也定之以吉凶
所以斷也易曰自天祐之
吉无不利子曰祐者助也
之所助者順也人之所

助者信也履信思乎順又以尚賢也是以自天祐之吉无不利也子曰書不盡言言不盡意然則聖人之意其不可見乎子曰聖人立象以盡意設卦以盡情僞繫辭焉以盡其言變

而通之以盡利鼓之舞之
以盡神乾坤其易之緼邪
乾坤成列而易立乎其中
矣乾坤毀則无以見易易
不可見則乾坤或幾乎息
矣是故形而上者謂之道
形而下者謂之器化而裁

之謂之變推而行之謂之
通舉而錯之天下之民謂
之事業是故夫象聖人有
以見天下之賾而擬諸其
形容象其物宜是故謂之
象聖人有以見天下之動
而觀其會通以行其典禮

繫辭焉以斷其吉凶是故
謂之爻極天下之賾者存
乎卦鼓天下之動者存乎
辭化而裁之存乎變推而
行之存乎通神而明之存
乎其人默而成之不言而
信存乎德行

周易繫辭下第八

韓康伯注

八卦成列象在其中矣因

而重之爻在其中矣剛柔

相推變在其中矣繫辭焉

而命之動在其中矣吉凶
悔吝者生乎動者也剛柔
者立本者也變通者趣時
者也吉凶者貞勝者也天
地之道貞觀者也日月之
道貞明者也天下之動貞
夫一者也夫乾確然示人

易矣夫坤隤然示人簡矣
爻也者效此者也象也者
像此者也爻象動乎內吉
凶見乎外功業見乎變聖
人之情見乎辭天地之大
德曰生聖人之大寶曰位
何以守位曰仁何以聚人

曰財理財正辭禁民爲非
曰義古者包犧氏之王
天下也仰則觀象於天俯
則觀法於地觀鳥獸之文
與地之宜近取諸身遠取
諸物於是始作八卦以通
神明之德以類萬物之情

作結繩而爲罔罟以佃以
漁蓋取諸离包[illegible]神
農氏作斲木爲耜揉木爲
耒耒耨之利以教天下蓋
取諸益日中爲市致天下
之民聚天下之貨交易而
退各得其所蓋取諸噬嗑

神農氏沒黃帝堯舜氏作
通其變使民不倦神而化
之使民宜之易窮則變變
則通通則久是以自天祐
之吉无不利也黃帝堯舜
垂衣裳而天下治蓋取諸
乾坤刳木爲舟剡木爲楫

舟楫之利以濟不通致遠
以利天下蓋取諸渙服牛
乘馬引重致遠以利天下
蓋取諸隨重門擊柝以待
暴客蓋取諸豫斷木爲杵
掘地爲臼臼杵之利萬民
以濟蓋取諸小過弦木爲

弧剡木為矢弧矢之利以
威天下蓋取諸睽上古穴
居而野處後世聖人易之
以宮室上棟下宇以待風
雨蓋取諸大壯古之葬者
厚衣之以薪葬之中野不
封不樹喪期无數後世聖

人易之以棺椁蓋取諸大
過上古
人易之以書契百官
萬民以察蓋取諸夬是
故易者象也象也者像也
彖者材也爻也者效天下
之動者也是故吉凶生而

悔吝著也陽卦多陰陰卦
多陽其故何也陽卦奇陰
卦耦其德行何也陽一君
而二民君子之道也陰二
君而一民小人之道也易
曰憧憧往來朋從爾思子
曰天下何思何慮天下同

歸而殊塗一致而百慮天
下何思何慮日往則月來
月往則日來日月相推而
明生焉寒往則暑來暑往
則寒來寒暑相推而歲成
焉往者屈也來者信也屈
信相感而利生焉尺蠖之

屈以求信也龍蛇之蟄以存身也精義入神以致用也利用安身以崇德也過此以往未之或知也窮神知化德之盛也易曰困于石據于蒺藜入于其宮不見其妻凶子曰非所困

而困焉名必辱非所據而
期將至[illegible]可得[illegible]耶易
曰公用射隼于高墉之上
獲之无不利子曰隼者禽
也弓矢者器也射之者人
也君子藏器於身待時而

動何不利之有動而不括
是以出而有獲語成器而
動者也子曰小人不恥不
仁不畏不義不見利不勸
不威不懲小懲而大誡此
小人之福也易曰屨校滅
趾无咎此之謂也善不積

不足以成名惡不積不足
以滅身小人以小善爲无
益而弗爲也以小惡爲无
傷而弗去也故惡積而不
可揜罪大而不可解易曰
何校滅耳凶子曰危者安
其位者也亡者保其存者

也亂者有其治者也是故君子安而不忘危存而不忘亡治而不忘亂是以身安而國家可保也易曰其亡其亡繫于苞桑子曰德薄而位尊知小而謀大力少而任重鮮不及矣易曰

鼎折足覆公餗其形渥凶
言□其任也子
其神乎君子上□
交不瀆其知幾乎幾
之微吉之先見者也君□
見幾而作不俟終日易曰
介于石不終日貞吉介如

石焉寧用終日斷可識矣
君子知微知彰知柔知剛
萬夫之望子曰顏氏之子
其殆庶幾乎有不善未嘗
不知知之未嘗復行也易
曰不遠復无祇悔元吉天
地絪緼萬物化醇男女構

精萬物化生易曰三人行
則損一人一人行則得其
友言致一也子曰君子安
其身而後動易其心而後
語定其交而後求君子脩
此三者故全也危以動則
民不與也懼以語則民不

應也无交而求則民不與
也莫之與則傷之者至矣
易曰莫益之或擊之立心
勿恒凶　子曰乾坤其易
之門邪乾陽物也坤陰物
也陰陽合德而剛柔有體
以體天地之撰以通神明

之德其稱名也雜而不越

衰世之意邪

而察來而微顯

開而當名辨物正言

斷辭則備矣其稱名也小

其取類也大其言遠其辭

文其言曲而中其事肆而

隱困貳以濟民行以明失
得之報 易之興也其於
中古乎作易者其有憂患
乎是故履德之基也謙德
之柄也復德之本也恒德
之固也損德之脩也益德
之裕也困德之辯也井德

之地也巽德之制也履和
而至謙尊而光復小而辨
於物恒雜而不厭損先難
而後易益長裕而不設困
窮而通井居其所而遷巽
稱而隱履以和行謙以制
禮復以自知恒以一德損

以遠害益以興利困以寡
怨井以辯義巽以行權
易之爲書也不可遠爲道
也屢遷變動不居周流六
虛上下无常剛柔相易不
可爲典要唯變所適其出
入以度外內使知懼又明

於憂患與故无有師保如
臨父母初率其辭而揆其
方既有典常苟非其人道
不虛行易之爲書也原始
要終以爲質也六爻相雜
唯其時物也其初難知其
上易知本末也初辭擬之

卒成之終若夫雜物撰德
辯是與非則非其中爻不
備噫亦要存亡吉凶則居
可知矣知者觀其彖辭則
思過半矣二與四同功
而異位其善不同二多譽
四多懼近也柔之為道不

利遠者其要无咎其用柔
中也三與五同功而異位
三多凶五多功貴賤之等
也其柔危其剛勝邪易之
爲書也廣大悉備有天道
焉有人道焉有地道焉兼
三才而兩之故六六者非

它也三材之道也道有變
動故曰爻爻有等故曰物
物相雜故曰文文不當故
吉凶生焉易之興也其當
殷之末世周之盛德邪當
文王與紂之事邪是故其
辭危危者使平易者使傾

其道甚大百物不廢懼以
終始
之道也夫乾天下之至
健也德行恒易以知險夫
坤天下之至順也德行恒
簡以知阻能說諸心能研
諸侯之慮定天下之吉凶

成天下之亹亹者是故變
化云爲吉事有祥象事知
器占事知來天地設位聖
人成能人謀鬼謀百姓與
能八卦以象告爻彖以情
言剛柔雜居而吉凶可見
矣變動以利言吉凶以情

遷是故愛惡相攻而吉凶
生遠近相取而悔吝生情
僞相感而利害生凡易之
情近而不相得則凶或害
之悔且吝將叛者其辭慙
中心疑者其辭枝吉人之
辭寡躁人之辭多誣善之

人其辭游失其守者其辭
屈

周易卷第八

周易説卦第九

韓康伯注

昔者聖人之作易也幽贊於神明而生蓍參天兩地而倚數觀變於陰陽而立

卦發揮於剛柔而生爻和
順於道德而理於義窮
盡性以至於命昔者
作易也將以順性
之理是以立天之道曰
陰與陽立地之道曰柔與
剛立人之道曰仁與義兼

三才而兩之故易六畫而
成卦分陰分陽迭用柔剛
故易六位而成章 天地
定位山澤通氣雷風相薄
水火不相射八卦相錯數
往者順知來者逆是故易
逆數也 雷以動之風以

散之雨以潤之日以烜之
艮以止之兌以說之乾以
君之坤以藏之帝出乎
震齊乎巽相見乎離致役
乎坤說言乎兌戰乎乾勞
乎坎成言乎艮萬物出乎
震震東方也齊乎巽巽東

南也齊也者言萬物之絜
齊也離也者明也萬物皆
相見南方之卦也聖人南
面而聽天下嚮明而治蓋
取諸此也坤也者地也萬
物皆致養焉故曰致役乎
坤兌正秋也萬物之所説

也故曰說言乎兑戰乎乾
乾西北之卦也言陰陽相
薄也坎者水也正北方之
卦也勞卦也萬物之所歸
也故曰勞乎坎艮東北之
卦也萬物之所成終而所
成始也故曰成言乎艮

神也者妙萬物而爲言者
也動萬物者莫疾乎雷橈
萬物者莫疾乎風燥萬物
者莫熯乎火說萬物者莫
說乎澤潤萬物者莫潤乎
水終萬物始萬物者莫盛
乎艮故水火相逮雷風不

相悖山澤通氣然後能變
化既成萬物也乾健也
坤順也震動也巽入也坎
陷也離麗也艮止也兌說
也乾爲馬坤爲牛震爲
龍巽爲雞坎爲豕離爲雉
艮爲狗兌爲羊乾爲首

坤爲腹震爲足巽爲股坎
爲耳離爲目艮爲手兌爲
口乾天也故稱乎父坤
地也故稱乎母震一索而
得男故謂之長男巽一索
而得女故謂之長女坎再
索而得男故謂之中男離

再索而得女故謂之中女
艮三索而得男故謂之少
男兌三索而得女故謂之
少女　乾爲天爲圜爲君
爲父爲玉爲金爲寒爲冰
爲大赤爲良馬爲老馬爲
瘠馬爲駁馬爲木果　坤

為地為母為布為釜為吝
嗇為均為子母牛為大輿
為文為眾為柄其於地也
為黑　震為雷為龍為玄
黃為旉為大塗為長子為
決躁為蒼筤竹為萑葦其
於馬也為善鳴為馵足為

作足爲的顙其於稼也爲
反生其究爲健爲蕃鮮
巽爲木爲風爲長女爲繩
直爲工爲白爲長爲高爲
進退爲不果爲臭其於人
也爲寡髮爲廣顙爲多白
眼爲近利市三倍其究爲

躁卦 坎爲水爲溝瀆爲
隱伏爲矯輮爲弓輪其於
人也爲加憂爲心病爲耳
痛爲血卦爲赤其於馬也
爲美脊爲亟心爲下首爲
薄蹄爲曳其於輿也爲多
眚爲通爲月爲盜其於木

也為堅多心　離為火為日為電為中女為甲冑為戈兵其於人也為大腹為乾卦為鼈為蟹為蠃為蚌為龜其於木也為科上槁　艮為山為徑路為小石為門闕為果蓏為閽寺為指

爲狗爲鼠爲黔喙之屬其
於木也爲堅多節兌爲
澤爲少女爲巫爲口舌爲
毀折爲附決其於地也爲
剛鹵爲妾爲羊

周易序卦第十

有天地然後萬物生焉盈

天地之間者唯萬物故受
之以屯屯者盈也屯者物
之始生也物生必蒙故受
之以蒙蒙者蒙也物之穉
也物穉不可不養也故受
之以需需者飲食之道也
飲食必有訟故受之以訟

訟必有衆起故受之以師
師者衆也衆必有所比故
受之以比比者比也比必
有所畜故受之以小畜物
畜然後有禮故受之以履
履而泰然後安故受之以
泰泰者通也物不可以終
通故受之以否物不可以

終否故受之以同人與人
同者物必歸焉[illegible]以
大有有大[illegible]故
受之以謙有大而能謙必
豫故受之以豫豫必有隨
故受之以隨以喜隨人者
必有事故受之以蠱蠱者

事也有事而後可大故受
之以臨臨者大也物大然
後可觀故受之以觀可觀
而後有所合故受之以噬
嗑嗑者合也物不可以苟
合而已故受之以賁賁者
飾也致飾然後亨則盡矣

故受之以剥剥者剥也物
不可以終盡剥窮上反下
故受之以復復則不妄矣
故受之以无妄有无妄然
後可畜故受之以大畜
物畜然後可養故受之以
頤頤者養也不養則不可

動故受之以大過物不可
以終過故受之以坎坎者
陷也陷必有所麗故受之
以離離者麗也有天地
然後有萬物有萬物然後
有男女有男女然後有夫
婦有夫婦然後有父子有

父子然後有君臣有君臣
然後有上下有上下然後
禮義有所錯夫婦之道不
可以不久也故受之以恒
恒者久也物不可以久居
其所故受之以遯遯者退也
物不可以終遯故受之以大

壯物不可以終壯故受之以
晉晉者進也進必有所傷故
受之以明夷夷者傷也傷
於外者必反於家故受之
以家人家道窮必乖故受
之以睽睽者乖也乖必有
難故受之以蹇蹇者難也

物不可以終難故受之以
解解者緩也緩必有所失
故受之以損損而不已必
益故受之以益益而不已
必決故受之以夬夬者決
也決必有遇故受之以姤
姤者遇也物相遇而後聚

故受之以萃萃者聚也聚
而上者謂之升故受之以
升升而不已必困故受之
以困困乎上者必反下故
受之以井井道不可不革
故受之以革革物者莫若
鼎故受之以鼎主器者莫

若長子故受之以震震者
物不可以終動止
終止故受
漸者進也進必有所歸故
受之以歸妹得其所歸者
必大故受之以豐豐者大

也窮大者必失其居故受之以旅旅而无所容故受之以巽巽者入也入而後說之故受之以兑兑者說也說而後散之故受之以渙渙者離也物不可以終離故受之以節節而信

之故受之以中孚有其信
者必行之故受之以小過
有過物者必濟故受之以
既濟物不可窮也故受之
以未濟終焉
周易雜卦第十一
乾剛坤柔比樂師憂臨觀

之義或與或求屯見而不
失其居蒙雜而著震起也
艮止也損益盛衰之始也
大畜時也无妄災也萃聚
而升不來也謙輕而豫怠
也噬嗑食也賁无色也兌
見而巽伏也隨无故也蠱

則飾也剝爛也
晝也明夷
離也節止也
也睽外也家人
反其類也大壯則遯則
退也大有衆也同人親也

革去故也鼎取新也小過
過也中孚信也豐多故也
親寡旅也離上而坎下也
小畜寡也履不處也需不
進也訟不親也大過顛也
遘遇也柔遇剛也漸女歸
待男行也頤養正也既濟

定也歸妹女之終也未濟男之窮也夬決也剛決柔也君子道長小人道憂也

周易卷第九

周易略例

王弼

明彖

夫彖者何也統論一卦之體明其所由之主者也夫

衆不能治衆治衆者至寡
者也夫動不能制動制天
下之動者貞夫一者也故
衆之所以得咸存者主必
致一也動之所以得咸運
者原必無二也物无妄然
由其理統之有宗會之

元故繁而不亂衆而不
故六爻相錯可舉一以
柔相乘可立主以
雜物撰德辯是
中爻莫
而尋之物雖衆
則知可以執一御也由本

以觀之義雖博則知可以
一名舉也故處琁璣以觀
大運則天地之動未足怪
也據會要以觀方來則六
合輻湊未足多也故舉卦
之名義有主矣觀其彖辭
則思過半矣夫古今雖殊

軍國異容中之爲用故未
可遠也品制萬變宗主存
焉彖之所尚斯爲盛矣夫
少者多之所貴也寡者衆
之所宗也一卦五陽而一
陰則一陰爲之主矣五陰
而一陽則一陽爲之主矣

夫陰之所求者陽也陽之
所求者陰也陽苟一焉五
陰何得不同而歸之陰苟
隻焉五陽何得不同而從
之故陰爻雖賤而爲一卦
之主者處其至少之地也
或有遺爻而舉二體者卦

體不由乎爻也繁而不憂
亂變而不憂惑約以存博
簡以濟衆其唯彖乎亂而
不能惑變而不能渝非天
下之至賾其孰能與於此
乎故觀彖以斯義可見矣
明爻通變

夫爻者何也言乎變者也
變者何也情僞之所爲也
夫情僞之動非數之所求
也故合散屈伸與體相乖
形躁好靜質柔愛剛體與
情反質與願違巧歷不能
定其筭數聖明不能爲之

典要法制所不能齊度量
所不能均也爲之乎豈在
[illegible]僕暑威武者或困
於酒色之娛近不必比遠
不必乖同聲相應高下不
必均也同氣相求體質不

必齊也召雲者龍命呂者
律故二女相違而剛柔合
體隆墀永歎遠壑必盈投
戈散地則六親不能相保
同舟而濟則胡越何患乎
異心故苟識其情不憂乖
違苟明其趣不煩彊武能

說諸心能研諸慮睽而知
其類異而知其通也唯明
爻者乎故有[illegible]適而遠至
命宮而商應脩下而高者
降與彼而取此者服矣是
故情僞相感遠近相追愛
惡相攻屈伸相推見情者

獲直往則違故擬議以成
其變化語成而後有格
不知其所以爲主鼓舞而
天下從見乎其情者也是
故範圍天地之化而不過
曲成萬物而不遺通乎晝
夜之道而無體一陰一陽

而無窮非天下之至變其
孰能與於此哉是故卦以
存時爻以示變
明卦適變通爻
夫卦者時也爻者適時之
變者也夫時有否泰故用
有行藏卦有小大故辭有

陰陽一時之制，可反而用也；一時之吉，可反而凶也。故卦以反對，而爻亦皆變。是故用無常道，事無軌度，動靜屈伸，唯變所適。故名其卦，則吉凶從其類；存其時，則動靜應其用。尋名以

吉凶舉矣……動
吉貞……之變由斯見矣
夫應者同志之象也位者
爻所處之象也承乘者逆
順之象也遠近者險易之
象也內外者出處之象也
初上者終始之象也是故

雖遠而可以動者得其應也雖險而可以處者得其時也弱而不懼於敵者得所據也憂而不懼於亂者得所附也柔而不憂於斷者得所御也雖後而敢爲之先者應其始也物競而

獨安於靜者要其終也故
觀變動者存乎應察安危
者存乎位辯逆順者存乎
承乘明出處者存乎外內
遠近終始各存其會避險
尚遠趣時貴近比復好先
乾壯惡首明夷務闇豐尚

光大吉凶有時不可犯也
動静有適不可過也犯時
之忌罪不在大失其所適
過不在深動天下滅君主
而不可危也侮妻子用顏
色而不可易也故當其列
貴賤之時其位不可犯也

遇其憂悔吝之時其介不
可慢也觀爻思變變斯盡
矣

明象

夫象者出意者也言者明
象者也盡意莫若象盡象
莫若言言生於象故可尋

言以觀象象生於意故可

尋象以觀意意以象盡象

以言著故言者所以明象

得象而忘言象者所以存

意得意而忘象猶蹄者所

以[illegible]兔而忘蹄筌者

所以在魚得魚而忘筌也

然則言者象之蹄也象者
意之荃也是故存言者非
得象者也存象者非得意
者也象生於意而存象焉
則所存者乃非其象也言
生於象而存言焉則所存
者乃非其言也然則忘象

者乃得意者也忘言者乃
得象者也得意在忘象得
象在忘言故立象以盡意
而象可忘也重畫以盡情
而畫可忘也是故觸類可
為其象合義可為其徵義
苟在健何必馬乎類苟在

順何必牛乎爻苟合順何
必坤乃爲牛義苟應健何
必乾乃爲馬而或者定馬
於乾案文責卦有馬無乾
則僞說滋漫難可紀矣互
體不足遂及卦變變又不
足推致五行一失其原巧

愈彌甚縱復或值而義無所取蓋存象忘意之由也忘象以求其意義斯見矣

辯位

案象無初上得位失位之又繫辭但論三五二四

同功異位亦不及初上何
乎唯乾上九文言云貴而
無位需上六云雖不當位
若以上爲陰位邪則需上
六不得云不當位也若以
上爲陽位邪則乾上九不
得云貴而無位也陰陽處

之皆云非位而初亦不說
當位失位也然則初上者
是事之終始無[illegible]定位
也故乾初謂之[illegible]謂
[illegible]之[illegible]有處其位而
潛上有位而云無者[illegible]
歷觀衆卦盡亦如之初上

無陰陽定位亦以明矣夫
位者列貴賤之地待才用
之宅也爻者守位分之任
應貴賤之序者也位有尊
卑爻有陰陽尊者陽之所
處卑者陰之所履也故以
尊爲陽位卑爲陰位去初

上而論位分則三五各在一卦之上亦何得不謂之陽位二四各在一卦之下亦何得不謂之陰位初上者體之終始事之先後也故位無常分事無常所非可以陰陽定也尊卑有常

序終始無常主故繫辭但
論四爻功位之通例而不
及初上之定位也然事不
可無終始卦不可無六爻
初上雖無陰陽本位是終
始之地也統而論之爻之
所處則謂之位卦以六爻

爲成則不得不謂之六位時成也

略例下

凡體具四德者則轉以勝者爲先故曰元亨利貞也其有先貞而後亨者亨由於貞也凡陰陽者相求

之物也近而不相得者志
各有所存也故凡陰陽二
爻率相比而無應則近而
不相得有應則雖遠而相
得然時有險易卦有小大
同救以相親同避以相疏
故或有違斯例者也然存

時以考之義可得也
凡彖者統論一卦之體者
[illegible]各義一[illegible]者
也故履卦六三爲兌之主
以應於乾成卦之體在
斯一爻故彖敘其應雖
危而亨也象則各言六爻

之義明其吉凶之行去六
三成卦之體而旨說一
爻之德故危不獲亨而
見咥也訟之九二亦同斯
義
凡彖者通論一卦之體者
也一卦之體必由一爻為

主則旨明一爻之美以統
一卦之義䷍大有之類
是也卦體不由乎一爻則
全以二體之義明之䷶
豐卦之類是也凡言
无咎者本皆有咎者也防
得其道故得无咎也吉无

咎者本亦有咎由吉故得
免也无咎吉者先免於咎
而後吉從之也或亦處得
其時吉不待功不犯於咎
則獲吉也或有罪自己招
無所怨咎亦曰无咎故節
六三曰不節若則嗟若无

咎象曰不節之嗟又誰咎也此之謂矣

卦略

䷂

屯此一卦皆陰爻求陽也屯難之世弱者不能自濟必依於彊民思其主之時也故陰爻皆先求陽不

召自往馬雖班如而猶不
廢不得其主無所馮也初
體陽爻處首居下應民所
求合其所望故大得民也
䷃蒙此二卦陰爻亦先求
陽夫陰昧而陽明陰困童
蒙[illegible]

者求明明者不諮於闇故
童蒙求我匪我求童蒙也
故六三先唱則犯於爲女
四遠於陽則困蒙吝初比
於陽則發蒙也

䷉履雜卦曰履不處也又

曰履者禮也謙以制禮陽
處陰位謙也故此一卦皆
以陽處陰爲美也
䷒臨此剛長之卦也剛勝
則柔危矣柔有其德乃得
免咎故此一卦陰爻雖美
莫過无咎也

䷓觀之爲義以所見爲美者也故以近尊爲尚遠之爲吝

䷛大過者棟橈之世也本末皆弱棟已橈矣而守其常則是危而弗扶凶之道也以陽居陰拯弱之義也

故陽爻皆以居陰位爲美濟衰救危唯在同好則所贍褊矣故九四有應則有他吝九二無應則無不利也

遯彖

遯小人浸長難在於内亨在於外與臨卦相對者

也臨剛長則柔危遯柔長
故剛遯也
䷡大壯未有違謙越禮能
全其壯者也故陽爻皆以
處陰位為美用壯處謙壯
乃全也用壯處壯則羸藩
矣

䷣明夷爲闇之主在於上六初最遠之故曰君子于行五最近之而難不能溺故謂之箕子之貞明不可息也三[illegible]明極而征至[illegible]

[illegible]者

䷥睽者睽而通也於兩卦

三六三

之極觀之義最見矣極睽
而合極異而通故先見怪
焉洽乃疑亡也
䷶豐此卦明以動之卦
也尚於光顯宣揚發暢者
也故爻皆以居陽位又不
應陰爲美其統在於惡闇

而已矣小闇謂之沛大闇
謂之蔀闇甚則明盡未盡
則明昧明盡則斗星見明
微故見昧無明則無與乎
其見昧則不可以大事折
其右肱雖左肱在豈足用
乎日中之盛而見昧而已豈

足任乎

周易略例